Attilia Dorigato

Vetri Veneziani
O H I R A

collezione Pasta Vitrea

arsenale editrice

Comune di Venezia

MUSEI
CIVICI
VENEZIANI

Assessore alla cultura
Mara Rumiz

Direttore dei Musei Civici
Giandomenico Romanelli

Catalogo a cura di
Attilia Dorigato

Allestimento
Daniela Andreozzi

Ufficio Stampa
Roberta Lombardo

Prima edizione
Marzo 1998

Stampa
EBS Editoriale Bortolazzi Stei
San Giovanni Lupatoto – Verona

© 1998 Arsenale Editrice
San Polo 1789
I - 30125 Venezia

ISBN 88-7743-191-1

Attilia Dorigato
Vetri veneziani • Ohira

Fotografie
Andrea Morucchio

Venezia, Museo Correr
13 marzo – 30 aprile 1998

ISETAN
DEPARTMENT STORE
TOKYO JAPAN

ve
veneta artigianale

SOMMARIO

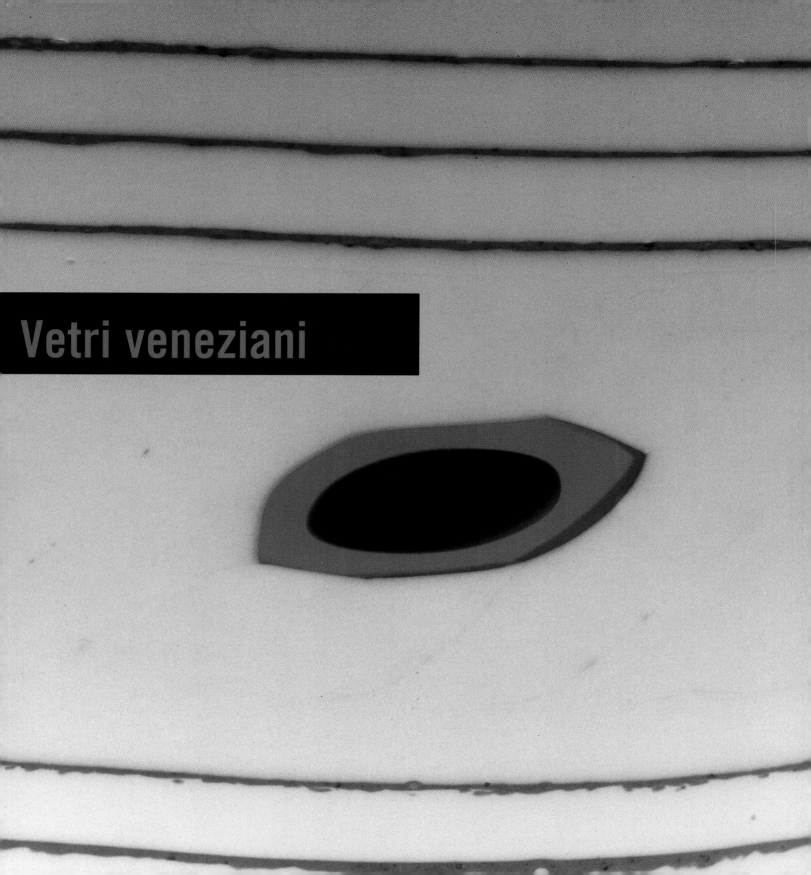

Vetri veneziani

Da molti anni, ormai, Yoichi Ohira vive e opera a Venezia, con una frequentazione assidua, e per lunghi periodi addirittura giornaliera, delle fornaci muranesi.

La sua scelta professionale, che privilegia il vetro lavorato con le tradizionali tecniche dell'isola lagunare, non è casuale: appare, anzi, assolutamente determinata fin dall'inizio quando, a conclusione del Corso di Scultura dell'Accademia di Belle Arti di Venezia – dove si è iscritto nel 1973 e ha avuto come maestri Alberto Viani prima e Nino Cassani poi – si diploma con una tesi dal titolo *L'estetica del vetro*.

A quegli anni data anche la sua collaborazione con la Fucina degli Angeli di Egidio Costantini, attività che gli permette di indagare a fondo le molteplici possibilità espressive del vetro muranese e lo induce definitivamente a sceglierlo quale unico materiale per le sue creazioni artistiche.

Da quel momento il suo lavoro si accentra tutto sul design dedicato al vetro. Non solo: sul vetro Ohira conduce una serie di indagini approfondite e di ricerche volte a comprenderne a fondo le caratteristiche perspicue sul piano tecnologico, oltre che su quello artistico e storico, al fine di entrare in perfetta simbiosi con questa materia che, proprio per la sua grande duttilità, riserva sempre tante sorprese.

Quello di Ohira col vetro diventa, così, un rapporto connotato da una sorta di antagonismo: da un lato il desiderio e l'ansia di esercitare un completo dominio sulla materia, piegandola alle proprie esigenze, dall'altro l'intima consapevolezza dell'ampio margine di incontrollabilità degli esiti che il vetro, per sua propria natura, riserva e che costituisce, comunque, uno dei suoi aspetti più avvincenti e affascinanti.

È quasi una sfida che l'artista affronta per gradi, accostandosi al vetro, all'inizio, nella maniera più discreta e creando bottiglie e calici soffiati, leggerissimi, che, per forma e colore, non manifestano alcuna brusca frattura con la tradizione muranese.

Sul piano formale, infatti, tali oggetti, per la loro elegante linearità, mettono in luce puntuali riferimenti ai classici, evanescenti modelli cinquecenteschi, reinterpretati, ovviamante, in chiave attuale; su quello coloristico, poi, scandito dall'uso ricorrente di colori tenui – il fumé dorato, il verdino, l'acquamare, il rosa, il bluino – che esaltano la trasparenza del vetro, i legami alla tavolozza in uso da sempre nell'isola sono evidenti.

Gli accostamenti cromatici appaiono, tuttavia, spesso del tutto inediti, e talora azzardati, e si accompagnano a procedimenti tecnici difficili, quali l'incalmo, e a uno studio attento dei particolari che diventano essenziale e raffinato complemento dell'oggetto.

Non avrebbe senso, infatti, pensare alle bottiglie del 1987 e ai calici del 1990 (progettati per la vetreria de Majo e presentati a Padova, alla mostra «Venezia e l'Oriente»), private, le prime dei loro tappi «gioiello», lavorati a mano e rifiniti alla mola, gli altri delle preziose quanto inusuali associazioni di colori che ne scandiscono l'esile e aerea eleganza.

Testimonianza dell'appassionata attenzione che l'artista rivolge al proprio lavoro sono i suoi disegni: precisi, minuziosi, senza alcun particolare lasciato al caso, corredati di puntuali annotazioni.

È una prassi di lavoro, questa, abituale per Ohira, consapevole di dover fornire al maestro vetraio tutti gli elementi indispensabili a una perfetta realizzazione delle sue opere.

Nonostante l'adesione pressoché incondizionata ai caratteri propri del vetro veneziano, anche in queste prime collezioni, tuttavia, affiorano, forse non del tutto consapevolmente, suggestioni che non si collegano al mondo muranese, ma piuttosto a quello orientale, nel quale Ohira affonda le proprie radici.

Inserimenti, quasi inavvertibili, di colori singolarmente brillanti ricordano, infatti, la densità cromatica delle lacche e delle porcellane giapponesi, mentre lo studio approfondito, a volte quasi eccessivo, di taluni particolari rimanda alla rarefatta perfezione dei disegni che rendono preziose le sete del Paese del Sol Levante.

Ma la fusione di elementi derivati da due civiltà diverse avviene, nelle opere di Ohira, senza alcuna dissonanza, anzi, con un singolare equilibrio che sta alla base del fascino discreto, e proprio per questo più accattivante, con il quale esse si impongono.

Dopo una serie di esperienze che gli hanno dato modo di entrare in simbiosi con i migliori maestri muranesi e di conoscere profondamente le tecniche vetrarie dell'isola, l'artista ha sentito l'esigenza di svolgere la propria attività senza vincoli di sorta, scegliendo, di volta in volta, l'interprete più idoneo, per sensibilità e abilità, a dare vita alle sue creazioni.

Ohira ha rivolto la propria attenzione, in questi ultimi anni, ai tessuti vitrei formati con canne e murrine.

Esemplare è stata, in tal senso, la collezione «Pastello», del 1996, costituita tutta di pezzi unici, nei quali canne vitree opache, dai colori delicati, si associano a murrine, trasparenti o meno, e talora a fasce a intarsio dalla vivacissima policromia.

L'inusuale accostamento di una vasta gamma di colori gioiosi, resi splendenti dalla molatura, si connotava, già in questa collezione, come uno scoperto riferimento a quella cultura giapponese a cui Ohira è inscindibilmente e profondamente legato e nella quale apparenti dissonanze si sposano dando luogo a una perfetta armonia.

Le sue tradizioni culturali emergono ancora più perentoriamente, e con piena consapevolezza, ora, in questa nuova collezione che l'artista ha voluto chiamare «Pasta vitrea» e che è stata realizzata, come la «Pastello», grazie all'abilità e alla sensibilità di uno dei migliori maestri muranesi di oggi, Livio Serena.

Simile, sul piano tecnico, alla precedente, essa se ne distacca, tuttavia, per una evidente predilezione per la monocromia e per un voluto riferimento a forme e materiali propriamente giapponesi o, più in generale, orientali, sia quando le opere sono realizzate con canne vitree e murrine, sia quando vengono, più semplicemente, soffiate con pasta vitrea.

I vetri di questa collezione sono quanto mai indicativi per chiarire quale sia il metodo di lavoro di Ohira: per lui fermare sulla carta le idee con un disegno che rispecchi con la maggiore precisione possibile per forma, dimensioni, proporzioni fra i vari elementi quanto dovrà essere realizzato, non è che il primo passo.

L'intervento attivo dell'artista si realizza, in verità, in una molteplicità di operazioni che contemplano non solo il disegno delle canne vitree, delle murrine e la scelta precisa dei loro colori, ma anche il suo lavoro materiale in fornace, dove provvede a tagliare personalmente le canne e le murrine e a disporle sulla piastra di refrattario, in modo da ottenere il tessuto vitreo con gli effetti voluti.

È a questo punto che interviene il maestro, il quale darà corpo all'opera, seguito dall'occhio

vigile e attento dell'artista, che è sempre presente in ogni fase della sua realizzazione.

Dopo tanti anni di lavoro in fornace, tra l'artista e i maestri che hanno provveduto, di volta in volta, alla realizzazione dei suoi vetri, nei confronti dei quali Ohira ha una grande ammirazione e una profonda riconoscenza, si è creata una sorta di connivenza, basata sulla reciproca e immediata comprensione, in virtù della quale non sono quasi necessarie le parole.

Anche in questa collezione «Pasta vitrea» Ohira, rispondendo a una sua intima esigenza, ha ideato una serie di contenitori che, al di là del loro carattere decorativo e prezioso, debbono suggerire una specifica funzione: sono, quindi, vasi e ciotole di dimensioni volutamente sempre molto contenute, tali da consentire un loro armonico inserimento in ambito domestico.

Sono oggetti che l'occhio accarezza, rimanendo appagato per l'eleganza delle loro forme e per il prezioso connubio di colori che rievocano, di volta in volta, gemme diverse.

Sono oggetti che, racchiusi tra le mani, infondono un senso di gratificazione perché vi aderiscono perfettamente e, nonostante la loro fragilità, comunicano una sensazione di incorruttibilità.

Sono oggetti, infine, che possono vivere di vita propria ma che potenziano la bellezza di un fiore o la qualità delle essenze che accolgono, purché quello che vi si accosta sia il risultato di una scelta corretta.

La caratteristica più avvincente di quest'ultima collezione è, tuttavia, la sensibilità con cui l'artista ha saputo far affiorare le infinite potenzialità mimetiche del vetro, che può diventare, dando corpo a forme specifiche, avorio, giada, alabastro, turchese, lapislazzuli, corallo, onice; oppure rievocare, nella sua raffinata tessitura, le precise venature del legno, gli intrecci delicati del bambù, piuttosto che la rutilante luce dei mosaici e l'affascinante splendore delle pietre preziose.

Anche la contrapposizione tra opacità e trasparenza costituisce uno dei motivi ricorrenti nelle creazioni di Ohira, nelle quali l'apertura di «finestre» lascia filtrare improvvisi fasci luminosi sulla superficie resa opaca dall'azione della mola.

Essenziale nel rapporto dell'artista con il vetro è la sperimentazione che gli consente di introdurre in ogni collezione qualche elemento innovativo.

Particolarmente felice appare, in questo caso, l'inserimento di polveri di colore contrastante, che vanno a marcare le linee di sutura delle canne vitree, sottolineandone intenzionalmente la disposizione e determinando così un astratto e lieve motivo a tratteggio.

In sintonia con la tradizione muranese che considera il calice l'oggetto forse più caratterizzante della produzione delle fornaci, anche ora, come nel passato, l'artista non ha saputo esimersi dall'affrontare in quest'ambito altre prove, dimostrando come, all'interno di uno schema ormai fisso e codificato, sia possibile esprimere ancora qualcosa di nuovo.

Ma la sofisticata eleganza dei suoi calici che, pur nella loro modernità, hanno sempre a modello esemplari rinascimentali, non avrebbe potuto trovare piena e completa espressione senza la sensibilità interpretativa e l'eccezionale abilità di un grande maestro muranese, Carlo Tosi, detto «Caramea».

The "Pasta Vitrea" Collection

Yoichi Ohira has now been living and working in Venice for many years, with assiduous, and for extended periods of time even daily, visits to the Murano glass-blowing furnaces.

His professional choice, which privileges the traditional glass-production techniques of the Venetian island, is by no means casual. On the contrary, it was determined at the very outset when, after having finished his Sculpture course at Venice's Accademia di Belle Arti (he originally enrolled in 1973, and had Alberto Viani and Nino Cassani as his teachers), he graduated with a thesis entitled *L'estetica del vetro* (lit. trad.: *The Aesthetics of Glass*).

In the same period he also began collaborating with Egidio Costantini's Fucina degli Angeli, which allowed him to contemplate the multiple expressive possibilities of Murano glass, and ultimately led him to choose this as the only material for his artistic creations.

From that moment on he has concentrated entirely on glass-based design. And not only - Ohira undertakes in-depth research on glass, aiming at fully understanding its perspicuous characteristics on a technological, as well as artistic and historical, level. His aim is to attain a perfect symbiosis between himself and his chosen material which, because of its heightened ductility, is an endless source of surprises. Ohira's relationship with glass is therefore characterised by a sort of antagonism: on the one hand there is his overriding desire to exert complete domination over the material, making it conform to his own demands; on the other there is the intimate awareness of the large margin for "uncontrollability" of the end result that glass, because of its very nature, holds in store and that is nonetheless one of glass's most enthralling and fascinating aspects.

This is a challenge that Ohira has come to grips with in degrees. He originally discretely approached glass, creating extremely light blown bottles and goblets which, in terms of form and colour, did not manifest any abrupt or overt break with Murano traditions.

In fact at a formal level, the elegant linearity of these objects highlighted precise references to the classic, evanescent 16th-century models, which were obviously reinterpreted according to contemporary strictures. At a chromatic level, however, there was a recurrent use of rarefied colours - golden fumé, light green, pink, light blue - which exalted the transparent nature of glass and the links to the colour schemes which have always been used on the island were more than evident.

The colour combinations, however, were often completely new as well as sometimes daring, and were used with difficult technical procedures such as *incalmo*. This was also accompanied by a careful study of details, which were an essential and refined complement to the object itself.

There would be little sense, in fact, in referring to the bottles of 1987 and the goblets of 1990 (which were designed for the de Majo glass company and exhibited for the first time in Padua at the "Venezia e l'Oriente" exhibition) if the former were deprived of their hand-worked and ground "jewel" tops, and if the latter were deprived of the precious and unusual chromatic associations, which give rhythm to their slender and ethereal elegance.

The artist's designs bear witness to the impassioned attention Ohira bestows on his work.

They are precise and minute; no detail is left to chance, and each is accompanied by specific annotations. This is par for the course as far as Ohira's work methods are concerned, as he is well aware of the fact that he has to give the master glass-blower all of the elements which are indispensable for a perfect production of his works.

Despite his almost unconditional adherence to the characteristics of Venetian glass, Ohira's first collections nonetheless brought to the fore (and perhaps not entirely purposefully) suggestions that are not linked with the world of Murano, but rather with the Oriental world from which he ultimately derives. There are almost imperceptible touches of particularly bright colours which hark back to the chromatic density of Japanese enamels and porcelain, while his profound, and at times excessive, study of particular details reminds us of the rarefied perfection of the sumptuous designs found on some Japanese silks.

But in Ohira's work the fusion of elements deriving from two different civilisations takes place without the slightest hint of dissonance. Quite the contrary: it is through a unique equilibrium which underlies discrete (and hence all the more captivating) fascination that these elements impose themselves on us.

After a series of experiments that allowed him to interact symbiotically with the best Murano masters and to accrue a profound knowledge of the island's glass techniques, Ohira felt the need to continue his artistic activity without any form of restraint. He therefore turned to different interpreters, each of whom was chosen for his particular sensitivity and ability, to give life to the various creations he had designed.

Over the past few years, Ohira has turned his attention to glass textures, made of canes and murrine. In this sense, his "Pastello" collection (1996) is exemplary. It is made up of unique pieces where delicately-coloured opaque glass canes are accompanied both by transparent and non-transparent murrine, and sometimes by vividly-coloured interwoven strips.

The unusual blend of joyous colours, made all the more resplendent by the grinding, was connoted as an open reference to that Japanese culture with which Ohira is indissolubly and profoundly linked and in which apparent discordant notes come together and give life to perfect harmony.

His cultural traditions emerge even more peremptorily, and perfectly consciously, in this new collection. Ohira himself entitled the collection "Pasta Vitrea", and, like the preceding "Pastello" collection, it came about thanks to the ability and sensitivity of one of the best Murano maestros - Livio Serena.

Although it is technically similar to the preceding collection, it sets itself apart thanks to an evident predilection for monochromatic colour schemes and purposeful reference to overtly Japanese, or more generally Oriental, forms and materials, whether the works have been made using glass canes and murrine or when they have been blown, quite simply, from opaque glass.

The glass in this collection is the clearest exemplification thus far of Ohira's work method. For the artist, fixing his ideas onto a sheet of paper through a sketch indicating as clearly as possible the forms, dimensions and proportions between the various elements that are to be made is really only an initial step.

The artist's active intervention is brought forth in a multiplicity of operations that contemplate not only the design of the glass canes, the murrine and the precise choice of colours, but also his material work at the glass-blowing furnace, where he personally cuts the canes and the murrine and places them on the refractory stone in order to obtain the glass texture with the desired effects.

It is at this point that the maestro intervenes. He gives shape and body to the work, under the watchful and vigilant gaze of the artist, who is present at each stage of the process.

After many years at the glass-blowing furnace, working with various maestros, a sort of intimacy, based on reciprocal and immediate understanding which virtually requires no words, has sprung up between the artist and the various maestros who have worked on his glass. Needless to say, Ohira feels great admiration and profound gratitude for these maestros.

As in other collections, for the "Pasta Vitrea" collection Ohira has invented a series of containers that, beyond their decorative and precious character, are intended to suggest a specific function: we are offered vases and bowls of purposefully limited size, thus allowing them to be harmoniously inserted within a domestic environment. These are objects that the gaze caresses, where we are made to feel fulfilled by the elegance of form and the precious blend of colours which evoke different gems and stones. These are objects that communicate a sense of satisfaction as we hold them in our hands: they fit perfectly and, despite their fragility, they give us a sense of being beyond corruption. And, finally, these are objects that can live their own lives, but that can also enhance the beauty of a flower and the quality of the essences they contain provided what is brought into contact with them has been carefully selected.

One of the most interesting characteristics of this collection is, however, the sensitivity with which the artist has brought to the surface the infinite mimetic potential of glass. In giving body to specific forms, the glass is made to become ivory, jade, alabaster, turquoise, lapis-lazuli, coral, onyx. Or it might evoke, through its refined texture, the grain of wood itself, the delicate threads of bamboo, or the glowing luminescence of mosaics and the fascinating splendour of precious stones.

Even the juxtaposition between opacity and transparency constitutes one of the recurrent motifs in Ohira's creations, where the opening of "windows" allows sudden bands of light to filter onto the surface which has been made opaque by the grinding wheel.

Another hallmark of the artist is his experimental stance, which allows him to introduce new, innovative element into each collection. In this case, he has successfully introduced powders of contrasting colours, which are used to highlight the sutures between the glass canes, intentionally underlining their disposition and thus bringing about an abstract and faint motif of dashes.

In keeping with the Murano tradition, which gives goblets and glasses pride of place as the most characteristic product of the glass furnaces, Ohira has given us further demonstration of how, even within a fixed and codified scheme, it is still possible to come up with something new. But the sophisticated elegance of his goblets which, albeit in all their modernity, still hark back to Renaissance models, could not have found full and complete expression without the interpretative sensitivity of a great Murano maestro, Carlo Tosi, also known as "Caramea".

大平洋一ヴェネツィア・ガラス展　コレクション「ムラノ不透明ガラス」

１９９８年３月１３日（金）－４月３０日（木）
ヴェネツィア市立コッレール博物館

主催：ヴェネツィア市／ヴェネツィア市文化局／ヴェネツィア市立美術館グループ／市立コッレール博物館
協賛：（株）伊勢丹／ VENETA ARTIGIANALE

大平洋一のヴェネツィア・ガラス、コレクション「ムラノ不透明ガラス」

アッティーリア・ドリガート
（ガラス史研究家・ムラノ・ガラス美術館館長・本展監修者）

　大平洋一がヴェネツィアに住み、ムラノのガラス工房にほとんど毎日通い、作品の制作をするようになってから長い歳月が過ぎ去った。大平がムラノ島の伝統技法を主眼に置いてガラス作家としての道を歩むようになったのは、あいまいな目的からではなく、最初からはっきりと意図しての選択であった。１９７３年、ヴェネツィアの美術学校「アッカデミア・ディ・ベッレ・アルティ」の彫刻科に籍を置き、彫刻家アルベルト・ヴィアーニとニーノ・カッサーニに学んだ大平は、７８年に卒業論文「ガラスの美学」で卒業した。

　同時期に、現代ガラス彫刻で知られるエジーディオ・コスタンティーニの主宰するギャラリー「フチーナ・デリ・アンジェリ」の制作協力者の一人として得た経験は、ムラノ・ガラスのもつ多種多様な表現の可能性を知る上で有益であったろう。ガラスは大平にとって、美の創造のために一段と離れ難いものとなり、この世界にさらに深くのめり込んでいくのである。またガラスは、その独特の可塑性によって、時に予想以外の効果や美をもたらしてくれるが、この素材と親密な関係を持つことを目指して、大平はガラスの美学や歴史と共に、技法の上からもガラス固有のさまざまな性格を理解するために、深く掘り下げた分析と研究に取り組んだ。

　こうして、大平とガラスの間に生まれるのは一種の拮坑関係である。つまり大平は、作品の成果において素材を断じて支配したいと渇望する一方で、この素材にはその性質上、人の意志では作品の仕上りをコントロールしきれないところが多分にあり、それがまたガラスの大きな魅力になっているということを深く認識しているのである。

　大平はその活動初期に、「薄物宙吹き技法」による薄手で軽快な蓋付ガラス容器やワイン・グラスを制作しているが、形や色彩面から見て、ムラノの伝統からみだりに逸脱するようなことがない。むしろヴェネツィア・ガラスに慎重に近付き、段階を踏みながらゆっくり立ち向かっているのは、ガラスに対する一種の挑戦のようにも受けとめられる。

　事実これらの直線的なエレガンスをもつ初期の作品群は、現代的に表現されているとはいうものの、形体的には１６世紀ルネサンスの繊細なガラスをモデルとした古典美を基本にしており、色彩的にも金箔を張った麦藁色・薄緑色・アクワマリン・薄バラ色・薄ブルーなど、ガラスの透明性を活かした柔らかい色合いが特徴で、ムラノの伝統的な色彩に基づいてるのはあきらかである。

　しかしながら色の構成は新鮮で、時には大胆でさえある。またインカルモ（異種ガラス接合技法）などの高度な

宙吹き技法が応用され、丹念に工夫された細部が、作品をひきたてる上で欠かすことのできない洗練された装飾エレメントとなっている。たとえば１９８７年に発表されたコレクション「ヴェネツィアとオリエント」のガラス瓶シリーズには、その口の部分に装飾的な「宝石蓋」が取り付けられているが、高度な吹きガラス技術と研磨加工で仕上げられた宝石のようなこの装飾蓋を取ってしまったら、作品の意味が薄れてしまうだろうし、同様なことは１９９０年のコレクションの、きゃしゃで優雅な一連のワイン・グラスについても言える。杯の脚部に応用されている斬新な色構成の細部装飾は作品にとって不可欠の要素なのである。（この二つのコレクションはムラノの工房「デ・マヨ」社のために企画・制作され、パドヴァ市立美術館における個展に出品された。）

　大平のガラス制作へのひたむきで細心な姿勢をなによりも雄弁に語ってくれるのは、作家自身が制作の際に準備する作品図面である。それは明確・精密で、ガラス素材の偶然性に安易に頼むところがなく、各所に要点の説明が丁寧に付されている。これは、作品の理想的な仕上げのためには、可能な限りのあらゆる材料をガラス職人に提供しなければならないという点を配慮した、大平ならではの制作姿勢に基づいている。

　しかしこれらの作品群を見渡すと、作者がヴェネツィア・ガラスの伝統にほぼ無条件で同調しているのを認めるとしても、本人の意図いかんにかかわらず、ムラノの世界とは掛け離れた別種の美の世界が見え隠れして浮上してくる。そしてそれはいかにも東洋的なものであって、まぎれもなく大平自身の生来の文化に根ざしている。たとえば、さりげなく、それでいて独特な輝きを放つ色調を見ても、日本の漆や磁器などの密度の高い色合いを思わせるし、また時に過度と思えるほどの細部の工夫と装飾は、日本の絹織物を美しく飾る精緻な絵柄を思い起こさせる。

　しかし、二つの文化に基づく異質なエレメントの結びつきは、大平の作品の中で不調和に陥らないばかりか、作品の魅力を支える独特な調和を生み出している。このような異質な文化間の調和の取れた結びつきが巧みに主張されていればこそ、これらの作品はよりおもしろみを増すのである。

　さまざまな経験を経て、この島の最も優れたガラス職人たちと緊密な関係をもつようになり、ムラノのあらゆるガラス技法に精通すると、大平は何ものにも束縛されず自由に自らの制作活動を展開したいという必要を感じ始めた。そして職人それぞれの感性や腕前を見定め、作品にふさわしい理想的な制作協力職人をそのつど選択しながら、個人ガラス作家として活動するようになったのである。

*

　ここ数年来大平は、ガラス棒やこの棒の断面をモザイク状に並べて成形する「ムッリーネ技法」による構成を基にした作品制作に専念している。これらの成果をまとめた一つが１９９６年制作のコレクション「パステル」である。この一点物作品による作品群では、デリケートなパステル調の不透明色ガラス棒構成に透明または不透明な「ムッリーネ技法」が加飾され、さらに鮮やかな多色の「象嵌技法」による帯状模様なども併用されている。

　生き生きした色合いの幅広い色彩を、非凡に組み合わせたこれらの作品は、さらに光彩を放つように研磨加工によって仕上げられている。このコレクションでも、すでに大平の一部を成す日本文化特有の美感が見い出され、また、一見調和するとは思えない異質なエレメントが、逆にみごとな調和をつくりだしている。

　東洋の文化と伝統に対する自覚は、本展の「ムラノ不透明ガラス PASTA VITREA 」と名づけられたコレクションでよりいっそうあざやかに表面に押し出された。この１２０点の一点物からなる新コレクションは、前コレクション「パステル・ガラス」と同じく、今や大平の右腕として欠かせない協力者で、ムラノの名職人の一人、リヴィオ・セレーナの秀でた技量によって実現されたものである。

　このコレクションは技法面から見ると、前コレクション「パステル」を踏襲していて、不透明ガラス棒やムッリーネ技法の構成作品の他に、溶融した「不透明ガラス PASTA VITREA 」をそのまま使って成形した作品などからな

りたっている。しかし表現としてはよりシンプルな色づかいが目立ち、なおかつ日本をはじめとする東洋のフォルムや材質をさらに意識している点、前作とは明らかな隔たりを指摘できる。

このコレクションの作品は、大平の制作プロセスを理解する上で参考になるだろう。大平にとって、形・寸法・細部と全体のプロポーションなどのアイディアを可能な限りの正確さで図面にとどめることは制作のための第一歩に過ぎない。作家の積極的な仕事は実際にはさまざまな作業から成り立っているのである。図面にもとづいたガラス棒やムッリーネ（ガラス棒をカットして、その断面を見せて並べたもの）の構成企画、色の選定などの過程を経てから、作家自らガラス棒やムッリーネの材料を旋盤で切断する。そして望み通りの装飾パターンになるように、これらのエレメントを耐火粘土で覆われた鉄板の上に図面通りに隙間なく並べていく。

次いで、この鉄板はガラス職人のマエストロ（親方）のもとに運ばれ、吹きガラス技術によってようやく作品ができあがっていくのだが、その際、作家はマエストロの傍らにぴったり寄り添って、作品成形の一瞬々々をコントロールし、マエストロに必要な指示を与える。大平が尊敬し賞賛して止まない親方達との間には、長年に渡るムラノでの作品制作を通じて、「あうんの呼吸」の暗黙の了解が育まれていて、制作中多くの言葉など必要としない。

大平はこのコレクション「ムラノ不透明ガラス PASTA VITREA 」においても、生来の感性に見合った一連の「器」を制作している。これらの作品は、その装飾性や美的価値は別として、「用の美」も兼ね備えた花器や碗などで、日常生活にほどよく調和するように意図的に小柄に作られている。、気品のある形と貴石を連想させるようなノーブルな色調と肌合いに興じながら、私たちのまなざしは器を愛撫していく。さらに器を手に取り、両の手の平で包み込むと、肌に優しくなじみ、素材のもろさにかかわらずしっとりとした存在感が伝わってくる。

これらの作品が、美術品としての独立した価値を持っていることはあらためて言うまでもないが、「用の美」の器としても、作品の性格に見合った使い方が適えば、花の美や香りはよりいっそう引きたてられるにちがいない。

いずれにしても、この新コレクション「ムラノ不透明ガラス PASTA VITREA 」のいちばんの魅力は、モザイクのまばゆい輝きや、宝石のような光彩とともに、自然の石や植物などになぞらえて、ガラス素材の秘める多種多様な可能性に正面からアプローチしていることであろう。象牙・翡翠・アラバスター・トルコ石・ラピスラズリ・赤珊瑚・メノウ等の他に、木材の整然とした木目、竹細工の編み目模様などの端麗な肌合いまでも、それぞれに見合った形をとって、作家の感性で見事に引き出されているのである。

また、透明と不透明のコントラストも大平のこの新作では主要なモチーフとなっており、研磨された不透明ガラスの表面に開けられた「小窓」から、不意にキラキラした透明な光が射し込む。

大平とガラスの関係を語るとき重要なことの一つとして、素材に対する前向きな実験的姿勢が指摘されるが、新しいコレクションが誕生するたびに、つねになんらかの革新的な着想が導入されている。コレクション「ムラノ不透明ガラス PASTA VITREA 」の中でとりわけ注目したいのは、ガラスの表面上にコントラストの強い色ガラス粉を応用した技法である。並列したガラス棒の間に色ガラス粉を埋め込むことによって、複雑に構成されたガラス棒のラインが意図的に強調され、抽象的で軽快なモチーフの線模様が器の表面にくっきりと浮き出るのである。

＊

最後に、大平はムラノの伝統にとって、ワイン・グラスこそこの島のガラス工芸を代表するジャンルと見なしている。そして、ムラノのガラス界ではすでに型にはまったままの状態にあるこの分野で、今回も今までと同様に新しい試みを実践せずにはいれらなかった。現代的でありながらもルネサンスの作風を規範としている優雅なワイン・グラスであるが、これらもムラノ最高の名職人で「カラメーア（キャラメル）」のあだ名で知られるカルロ・トーズィの卓越した手業と感性があってこそ、初めて可能になったのである。

collezione Pasta vitrea

18

23

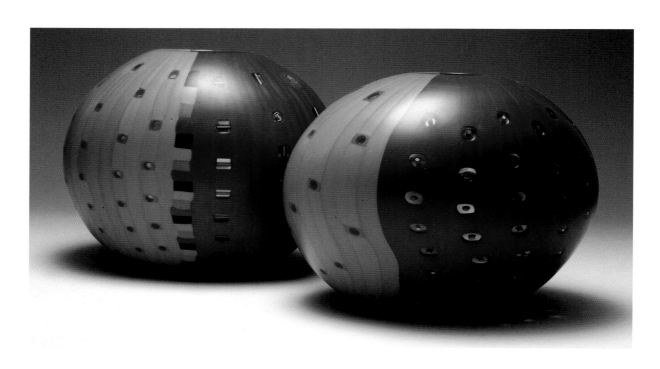

28

43

44

32 East 67th Street, New York, N.Y. 10021 212 794 8950 FAX 212 794 8889 e-mail: contact@barryfriedmanltd.com

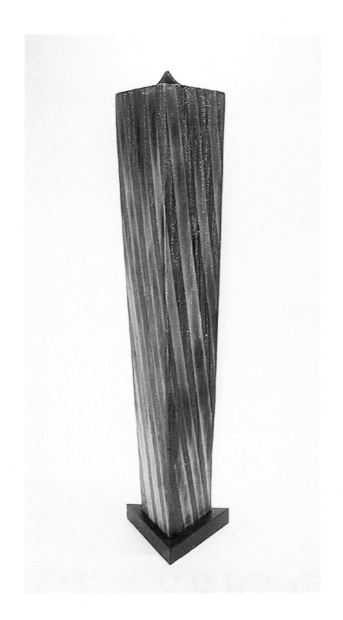

Kondo Takahiro [Japanese, b. 1958]

Galaxy '00-02
2000
Porcelain
30 3/4 x 7 1/8 x 7 1/8 inches
78.1 x 18.1 x 18.1 cm
BFG# 11943

F

70

Indice delle tavole

p. 43
Vaso «Macchie», 1997
h cm 17,5. Composto di canne e murrine
policrome a mosaico; velato alla mola

p. 44
Vaso «Mosaico» blu, 1997
h cm 16,8. Composto di canne con intarsi
bianchi; velato alla mola

p. 45
Ciotola e vasi «Mosaico», 1997
h cm 12,4; 17 e 12,5. Composti di canne
policrome disposte a mosaico con intarsi
di murrine; velati alla mola

p. 46
Vaso «Mosaico» rosso, 1997
h cm 18,5. Composto di canne disposte a
mosaico con intarsi bianchi;
velato alla mola

p. 47
Vasi e tazza «Mosaico», 1997
h cm 24,2; 13,3 e 15,4. Composti di
canne disposte a mosaico con intarsi.
Nella tazza sono inserite murrine
trasparenti; velati alla mola

p. 48
Vaso «Mosaico», 1997
h cm 18. Composto di canne disposte a
mosaico con intarsi; velato alla mola

p. 50
Vasi «Catene», 1997
h cm 14,5; 19,9 e 12,2. Composti di
canne verde giada e avorio con murrine
disposte a catena; velati alla mola

p. 51
Vaso «Catene», 1997
h cm 16,7. Composto di canne marrone
con murrine bianche disposte a catena;
velato alla mola

p. 52
Vaso e ciotole «Bambù», 1997
h cm 16,5; 5,8 e 12,6. Composti di canne
con intarsi; le ciotole evidenziano una
canna rossa verticale; velati alla mola

p. 53
Vasi «Bambù», 1997
h cm 19,5 e 16. Composti di canne con
murrine trasparenti; velati alla mola

p. 54
Vasi e tazza «Senape», 1997
h cm 15; 12,3 e 11. Composti di canne
con murrine trasparenti e opache;
velati alla mola

Tazze «Blu», 1997
h cm 8,5; 11 e 10,5. Composte di canne
con murrine policrome; velate alla mola

p. 55
Vaso «Mosaico» con incalmo, 1997
h cm 15,9. Composto di canne disposte a
mosaico, con murrine trasparenti;
velato alla mola

Vaso «Finestre» a mosaico, 1997
h cm 20. Composto di canne disposte a
mosaico; velato alla mola

Ciotola «Finestre» a mosaico, 1997
h cm 11,7. Composta di canne disposte a
mosaico; velata alla mola

p. 56
Vaso a canne policrome, 1997
h cm 20. Composto di canne policrome;
velato alla mola

p. 57
Vaso «Polvere», 1997
h cm 23,7. Rosso arancio, composto di
canne con inserimento di polvere bianca
a tratteggio; velato alla mola

p. 58
Vaso «Polvere», 1997
h cm 27,8. Rosso, composto di canne con
inserimento di polvere nera a tratteggio;
velato alla mola

pp. 60-61
Vasi «Polvere», 1997
h cm 18,9; 10,5; 17,9 e 15,1. Composti di
canne senape, verde turchese, rubino e
blu con inserimento di polvere a
tratteggio; velati alla mola

p. 62
Vaso «Polvere» con murrine, 1997
h cm 18,3. Composto di canne nere con
inserimento di polvere rossa e murrine;
velato alla mola

p. 64
Vasi «Polvere», 1997
h cm 17; 16 e 16,4. Composti di canne
verdi marino, ocra e grigie, con
inserimento di polvere rossa. Nel vaso
grigio sono inserite anche murrine
trasparenti; velati alla mola

p. 65
Vasi «Polvere» con foglia d'oro, 1997
h cm 24,5. Composti di canne con
inserimento di polvere e foglia d'oro;
velati alla mola

p. 66
Vaso «Pera», 1997
h cm 22,8. Vetro iridato; velato alla mola

p. 67
Vaso «Fiore di loto», 1997
h cm 19,6. Vetro opalino; tappo e dischi
velati alla mola

Bottiglia con dischi, 1997
h cm 23,5. Vetro opalino; dischi
velati alla mola

p. 68
Vaso rosso con coperchio, 1997
h cm 18,5. Composto di canne
in pasta vitrea rossa; dischi e tappo
velati alla mola

Vasi rosso e nero «Fiore di loto», 1997
h cm 18,9 e 20,5. Pasta vitrea rossa e
nera; velati alla mola

Bottiglie con dischi, 1997
h cm 21,4; 20,6 e 21. Pasta vitrea nera,
corallo e turchese; dischi velati alla mola

p. 69
Bottiglia a murrine, 1997
h cm 18,7. Murrine lattimo e opalino

p. 70
Vaso a canne bianche e verdi, 1997
h cm 20,8. Composto di canne con
inserimento di polvere; velato alla mola

Yoichi Ohira

Giapponese, nato nel 1946, ha le sue prime esperienze in campo vetrario nel suo paese natale.
Si trasferisce in Italia nel 1973 e si iscrive al Corso di scultura all'Accademia di Belle Arti di Venezia dove si diploma con la tesi *L'estetica del vetro*. Sempre nel 1973 inizia la sua collaborazione con «La Fucina degli Angeli» di Egidio Costantini. Partecipa a numerose mostre collettive e personali con le sue sculture, create con una combinazione di ferro e vetro in lastre.
Nel 1987 inizia la sua collaborazione in qualità di designer di vetri artistici con la vetreria De Majo di Murano; nello stesso anno ottiene il «Premio selezione» del Premio Murano.
Da alcuni anni svolge la sua attività in campo vetrario come artista indipendente, realizzando pezzi unici per i quali si avvale della collaborazione dei migliori maestri muranesi.

Principali mostre personali

1990	Vetro divino: design del bere in trenta calici veneziani di Yoichi Ohira. Venezia, Palazzo Querini Stampalia
1992	Venezia e l'Oriente. Due culture, vetri e luce a Murano di Yoichi Ohira. Padova, Museo civico
1992-97	Mostra personale annuale. Tokyo, Fine Art Salon di Isetan
1994	Mostra personale. Venezia, galleria San Nicolò
1995	Mostra personale. Tokyo, hotel New Otani
1995	Mostra personale. Venezia, galleria San Nicolò (nell'ambito di «New Glass a Venezia. Vetri d'artista in sette gallerie»)
1996	Vetri veneziani. Ohira. Collezione «Pastello». Venezia, caffè Florian

Principali mostre collettive

1995	L'Art du verre à Murano au xxème siècle, Parigi, Passage de Ritz
1996	Venezia Aperto Vetro. International New Glass. Venezia, Museo Correr

Bibliografia essenziale

R. Barovier Mentasti, *Vetro veneziano 1880-1990*, Venezia 1992
Venezia e l'Oriente, Padova 1992
A. Dorigato – D. Klein (a cura di), *Venezia Aperto Vetro. International New Glass*, Venezia 1996
Vetri Veneziani. Ohira. Collezione «Pastello», Venezia 1996

Livio Serena, detto «Maisasio», maestro vetraio

Nato a Murano nel 1942, appartiene a una famiglia attiva da secoli nell'arte del vetro soffiato. All'inizio del xvi secolo uno dei suoi antenati inventò, infatti, la tecnica della filigrana a retortoli, chiamata anche «zanfirico» nel xix secolo. Il nonno Luigi e il padre Ezio erano maestri vetrai alla Moretti Ulderico & C. Nel 1956, a quattordici anni, Livio Serena entra alla Fratelli Toso dove lavorerà fino al 1982, anno di chiusura della fornace. Dopo due anni di attività presso la Fratelli Mazzuccato, dal 1984 lavora all'Anfora, una delle vetrerie di Murano che ancora oggi realizza vetri con le tradizionali tecniche dell'isola.
Livio Serena, dotato di eccellente tecnica e grande virtuosismo, è considerato uno dei migliori maestri.
Collabora con Ohira dal 1993 e, oltre alla collezione «Pasta vitrea», ha realizzato tutte le opere delle recenti collezioni dell'artista.

Index of plates

p. 43
"Macchie" vase, 1997; h cm 17,5
Canes and polychrome mosaic murrine, ground

p. 44
Blue "Mosaico" vase, 1997; h cm 16,8
Canes with white inlays, ground

p. 45
"Mosaico" bowl and vases, 1997;
h cm 12,4; 17 and12,5
Polychrome canes in mosaic motif with murrine inlays, ground

p. 46
Red "Mosaico" vase, 1997; h cm 18,5
Polychrome canes in mosaic motif with white inlays, ground

p. 47
"Mosaico" vases and cup, 1997;
h cm 24,2; 13,3 and 15,4
Canes in mosaic motif with inlays.
Transparent murrine have also been inserted in cup, ground

p. 48
"Mosaico" vase, 1997; h cm 18
Canes in mosaic motif with inlays, ground

p. 50
"Catene" vases, 1997;
h cm 14,5; 19,9 and 12,2
Green jade and ivory canes with linked murrine, ground

p. 51
"Catene" vaso, 1997; h cm 16,7
Brown canes with linked white murrine, ground

p. 52
"Bambù" vase and bowl, 1997;
h cm 16,5; 5,8 and 12,6
Inlaid canes; the bowls highlight a vertical red cane, ground

p. 53
"Bambù" vases, 1997; h cm 19,5 and 16
Canes with transparent murrine, ground

p. 54
"Senape" vases and cup, 1997;
h cm 15; 12,3 and 11
Canes with transparent and opaque murrine, ground

"Blu" cups, 1997; h cm 8,5; 11 and 10,5
Canes with polychrome murrine, ground

p. 55
"Mosaico" vase with incalmo, 1997;
h cm 15,9
Canes in mosaic motif with transparent murrine, ground

"Finestre" vase with mosaic motif, 1997;
h cm 20
Canes in mosaic form, ground

Mosaic "Finestre" bowl, 1997; h cm 11,7
Canes in mosaic form, ground

p. 56
Polychrome cane vase, 1997; h cm 20
Polychrome canes, ground

p. 57
"Polvere" vase, 1997; h cm 23,7
Orange red, canes with white powder inserted as dashes, ground

p. 58
"Polvere" vase, 1997; h cm 27,8
Red, canes with black powder inserted as dashes, ground

pp. 60-61
"Polvere" vases, 1997; h cm 18,9; 10,5;
17,9 and 15,1
Mustard-coloured, turquoise green, ruby and blue canes with powder inserted as dashes, ground

p. 62
"Polvere" vase with murrine, 1997;
h cm 18,3
Black canes with red powder inserted and murrine, ground

p. 64
"Polvere" vases, 1997;
h cm 17; 16 and 16,4
Sea-green, ochre and grey canes, with red powder inserted. Transparent murrine have been inserted in grey vase, ground

p. 65
"Polvere" vases with gold leaf, 1997;
h cm 24,5
Canes with powder and gold-leaf inserts, ground

p. 66
"Pera" vase, 1997; h cm 22,8
Rainbow-coloured opalescent glass, ground

p. 67
"Fiore di loto" vase, 1997; h cm 19,6
Opalescent glass. Top and discs ground

Bottle with discs, 1997; h cm 23,5
Opalescent glass. Discs ground

p. 68
Red vase with top,1997; h cm 18,5
Canes in red opaque glass. Discs and tops ground

Red and black "Fiore di loto" vases, 1997;
h cm 18,9 and 20,5
Red and black opaque glass, ground

Bottles with discs, 1997; h cm 21,4; 20,6 and 21
Black, coral and turquoise opaque glass.
Discs ground

p. 69
Murrine bottle, 1997; h cm 18,7
"Lattimo" and opalescent murrine

p. 70
Black and white cane vase, 1997;
h cm 20,8
Canes with powder inserted, ground

Yoichi Ohira

Born Japan (1946). His initial experience with glass was in Japan. He moved to Italy in 1973, and enrolled in the Sculpture course at Venice's Accademia di Belle Arti, where he graduated with a thesis entitled *L'estetica del vetro* (lit. trad.: *The Aesthetics of Glass*). He began collaborating with Egidio Costantini's "La Fucina degli Angeli" in 1973. He has taken part in many personal and group exhibitions with his sculptures, which are a combination of iron and sheets of glass.

In 1987 he began his collaboration as artsitic glass designer with the de Majo glass company on Murano. In the same year he was awarded the Premio Murano "Premio Selezione" prize.

Over the past few years he has been working independently within the artistic glass field. He has worked with the finest Murano maestros in realising his unique pieces.

Main personal exhibitions:

1990   Vetro divino: design del bere in trenta calici veneziani di Yoichi Ohira (lit. trad.: Divine Glass: the design of drinking in thirty Venetian goblets by Yoichi Ohira). Venice, Palazzo Querini Stampalia

1992   Venezia e l'Oriente: due culture, vetri e luce a Murano di Yoichi Ohira (lit. trad.: Venice and the Orient: two cultures, glass and light on Murano, by Yoichi Ohira). Padua, Museo civico

1992-97   Annual personal exhibition. Tokyo, Fine Art Salon, Isetan

1994   Personal exhibition. Venice, San Nicolò gallery

1995   Personal exhibition. Tokyo, New Otani hotel

1995   Personal exhibition. Venice, San Nicolò gallery (as part of the "New Glass a Venezia. Vetri d'artista in sette galleria" exhibition)

1996   Vetri veneziani. Ohira. Collezione "Pastello" (lit. trad.: Venetian Glass. Ohira. "Pastello" Collection). Venice, Florian café.

Main group exhibitions:

1995   L'Art du verre à Murano au XXème siècle (lit. trad.: The Art of Glass on Murano in the 20th century). Paris: Passage de Ritz

1996   Venezia Aperto Vetro. International New Glass. (lit. trad.: Venice Glass Open. International New Glass). Venice, Correr museum.

Livio Serena, a.k.a. "Maisasio", Maestro Glass Blower

Born Murano (1942). His family has been working for centuries in the field of glass blowing. In fact, in the early 16th century, one of his forebears invented the "retortoli" filigree technique, also called the "zanfirico" technique in the 19th century. His grandfather Luigi and his father Ezio were maestro glass makers with Moretti Ulderico and Co. In 1956, at the age of 14, Livio Serena joined the Fratelli Toso glass company, where he remained until it closed in 1982. After 2 years at the Fratelli Mazzuccato company, he moved to Anfora, one of the few Murano companies still using traditional glass-making techniques.

Livio Serena, gifted with excellent technique and great virtuosity, is considered one of the best maestros. He has been working with Ohira since 1993, and has been responsible for the realisation of all of the artist's recent collections.

図版一覧

p．４２－（２点共）〈花器「彩り」〉１９９７年作　高さ（左）15.5 cm　（右）18 cm
　　　　　宙吹き。不透明ガラス棒とモザイク技法による多色ムッリーネ構成。表面研磨仕上げ。
p．４３－〈花器「二つのまだら模様」〉１９９７年作　高さ17.5cm
　　　　　宙吹き。不透明ガラス棒とモザイク技法による多色ムッリーネ構成。表面研磨仕上げ。
p．４４－〈花器「青いモザイク」〉１９９７年作　高さ16.8 cm
　　　　　宙吹き。不透明ガラス棒と透明象嵌ガラスのモザイク構成。表面研磨仕上げ。
p．４５－（３点共）〈花器と碗「モザイク」〉１９９７年作　高さ（左から）12.4 cm,17 cm,12.5 cm
　　　　　宙吹き。多色不透明ガラス棒と透明ムッリーネ、象嵌技法によるモザイク構成。表面研磨仕上げ。
p．４６－〈花器「赤いモザイク」〉１９９７年作　高さ18.5 cm
　　　　　宙吹き。不透明ガラス棒と透明象嵌ガラスのモザイク構成。表面研磨仕上げ。
p．４７－（３点共）〈花器と碗「モザイク」〉１９９７年作　高さ（左から）24.2 cm、13. 3cm、15.4 cm
　　　　　宙吹き。不透明ガラス棒、ムッリーネ、透明象嵌ガラス等のモザイク構成。表面研磨仕上げ。
p．４８－〈花器「モザイク」〉１９９７年作　高さ18 cm
　　　　　宙吹き。不透明ガラス棒と透明象嵌ガラスのモザイク構成。表面研磨仕上げ。
p．４９－上記作品部分拡大図。
p．５０－（上と下）〈花器「鎬」〉１９９７年作　高さ（上）14.5 cm　（下左）19.9 cm　（下右）12.2 cm
　　　　　宙吹き。不透明ガラス棒と透明ムッリーネの構成。表面研磨仕上げ。
p．５１－〈花器「鎬」〉１９９７年作　高さ16.7 cm
　　　　　宙吹き。不透明ガラス棒と透明ムッリーネの構成。表面研磨仕上げ。
p．５２－（上と下）〈花器と碗「竹」〉１９９７年作　高さ（上）16.5 cm　（下左）12.6 cm　（下右）5.8 cm
　　　　　宙吹き。不透明ガラス棒と透明象嵌ガラス構成。下２点の器には縦の赤いガラス棒を構成。表面研磨仕上げ。
p．５３－（２点共）〈花器「竹」〉１９９７年作　高さ（左）19.5 cm　（右）16 cm
　　　　　宙吹き。不透明ガラス棒と透明ムッリーネの構成。表面研磨仕上げ。
p．５４－（上）（３点共）〈からし色花器と碗〉１９９７年作　高さ（左から）15 cm、12.3 cm、11 cm
　　　　　宙吹き。不透明ガラス棒とムッリーネの構成。表面研磨仕上げ。
　　　　　（下）（３点共）〈碗「碧」〉１９９７年作　高さ（左から）8.5 cm、11 cm、10.5 cm
　　　　　宙吹き。不透明ガラス棒と多色ムッリーネの構成。表面研磨仕上げ。
p．５５－（上）〈インカルモ技法花器「モザイク」〉１９９７年作　高さ15.9 cm
　　　　　宙吹き。不透明ガラス棒と透明ムッリーネのモザイク、及びインカルモ技法構成。表面研磨仕上げ。
　　　　　（下）（２点共）〈花器と碗「窓」〉１９９７年作　高さ（左）20 cm　（右）11.7 cm
　　　　　宙吹き。不透明ガラス棒モザイク構成。表面研磨仕上げ。
p．５６－〈花器「色の帯」〉１９９７年作　高さ20 cm
　　　　　宙吹き。多色ガラス棒構成。表面研磨仕上げ。
p．５７－〈花器「線描模様」〉１９９７年作　高さ23.7 cm
　　　　　宙吹き。不透明ガラス棒と粉末線描模様技法構成。表面研磨仕上げ。
p．５８－〈花器「線描模様」〉１９９７年作　高さ27.8 cm
　　　　　宙吹き。不透明ガラス棒と粉末線描模様技法構成。表面研磨仕上げ。
p．５９－上記作品部分拡大図。
pp．６０／６１－（４点共）〈花器「線描模様」〉１９９７年作　高さ18.9 cm、10.5 cm、17.9 cm,15.1 cm
　　　　　　宙吹き。不透明ガラス棒と粉末線描模様技法構成。表面研磨仕上げ。
p．６２－〈花器「線描模様」〉１９９７年作　高さ18.3 cm
　　　　　宙吹き。不透明ガラス棒、透明ムッリーネ、粉末線描模様技法構成。表面研磨仕上げ。
p．６３－上記作品部分拡大図。
p．６４－（上と下）（３点共）〈花器「線描模様」〉１９９７年作　高さ（左から）17 cm、16 cm、16.4 cm
　　　　　宙吹き。上の作品にはガラス棒と粉末線描模様技法構成。下の作品には透明ムッリーネも応用。表面研磨仕上げ。
p．６５－（２点共）〈金箔レース・ガラス花器「線描模様」〉１９９７年作　高さ（左）24.5 cm　（右）24.5 cm
　　　　　宙吹き。レース・ガラス技法、粉末線描模様技法、金箔ガラス技法構成。表面研磨仕上げ。
p．６６－〈花器「梨」〉１９９７年作　高さ22.8 cm
　　　　　宙吹き。ラスター彩オパール・ガラス。表面研磨仕上げ。
p．６７－（左）〈蓋付花器「睡蓮」〉１９９７年作　高さ19.6 cm
　　　　　宙吹き。オパール・ガラス。四面円盤装飾表面研磨仕上げ。
　　　　　（右）〈蓋付瓶「芽生え」〉１９９７年作　高さ23.5 cm
　　　　　宙吹き。オパール・ガラス。四面円盤装飾表面研磨仕上げ。
p．６８－（上左）〈蓋付赤色壺〉１９９７年作　高さ18.5 cm
　　　　　宙吹き。赤色ガラス棒構成。蓋部と四面円盤装飾表面研磨仕上げ。
　　　　　（上右）〈花器「睡蓮」〉１９９７年作　高さ（左）20.5 cm　（右）18.9 cm
　　　　　宙吹き。赤色と黒色パスタ・ガラス成形。黒色花器は表面研磨仕上げ。赤色花器は表面ラスター彩。
　　　　　（下）（３点共）〈蓋付瓶「芽生え」〉（黒とトルコ青の瓶は１９９７年作、赤珊瑚の瓶は１９９６年作）
　　　　　宙吹き。高さ（左から）21.4 cm、20. 6cm、21 cm:パスタ・ガラス成形。四面円盤装飾表面研磨仕上げ。
p．６９－〈蓋付ムッリーネ花器〉１９９７年作　高さ18.7 cm
　　　　　宙吹き。乳白ガラスとオパール・ガラスによるムッリーネ構成。表面ラスター煙仕上げ。
p．７０－〈花器「緑と白のカンネ」〉１９９７年作　高さ20.8 cm
　　　　　宙吹き。不透明ガラス棒と粉末技法による構成。表面研磨仕上げ。

大平　洋一　略歴

　１９４６年生。東京出身。２０代の初め、五木寛之氏の短編小説『霧のカレリア』を読んだことがきっかけでガラス工芸の世界に入り、国内のガラス工房で数年修行。７３年、ヴェネツィアの美術学校「アッカデミア・ディ・ベッレ・アルティ」彫刻科に入学し、７８年に卒業論文「ガラスの美学」で卒業する。以後、鉄と板ガラスの構成による彫刻作品を個展、グループ展などで発表する一方、ヴェネツィアのガラス彫刻制作専門ギャラリー「フチーナ・デリ・アンジェリ」にて制作協力。８７年からは、ムラノのガラス工房「デ・マヨ」社の工芸部門デザイナーとして多数の作品を手がけた。８７年、優れたガラス作品に与えられる「ムラノ賞」の特選を受賞。近年、独立したガラス工芸作家として、ヴェネツィアのアトリエを拠点に、一点物作品を中心に制作・発表に力をいれている。

〔主要個展〕

１９９０年：個展「神々しきガラス－大平洋一のヴェネツィア・ワイン・グラス３０杯展」、〈パラッツォ・クエリーニ〉（ヴェネツィア）／１９９２年：個展「ヴェネツィアとオリエント展」、〈パドヴァ市立美術館〉（パドヴァ、イタリア）／１９９２年－９７年（毎年）：新宿伊勢丹〈ファイン・アート・サロン〉個展（東京）／１９９４年：ギャラリー〈サン・ニコロ〉個展（ヴェネツィア）／１９９５年：新宿伊勢丹「丹青会」〈ホテル・ニュー・オータニ〉（東京）／ギャラリー〈サン・ニコロ〉個展　（ヴェネツィア）／１９９６年：個展「コレクション『パステル』展」〈カッフェ・フロリアン〉（ヴェネツィア）／１９９８年：個展「コレクション『ムラノ不透明ガラス』展」〈市立コッレール博物館〉（ヴェネツィア）

〔主要グループ、合同展〕

１９９５年：「２０世紀のヴェネツィア・ガラス展」〈パッサージュ・ドゥ・リッツ〉（パリ）

１９９６年：「国際現代ガラス展」〈市立コッレール博物館〉（ヴェネツィア）

大平の作品に関する主要書籍・カタログ

- R.Barovier Mentasti, 〔Vetro veneziano 1880-1990〕, Venezia 1992
- 〔Venezia e L'Oriente〕, Padova 1992
- A.Dorigato - D.Klein, 〔Venezia Aperto Vetro. International New Glass〕, Venezia 1996
- 〔Vetri Veneziani. Ohira. Collezione "Pastello"〕, Venezia 1996

リヴィオ・セレーナ（ガラス職人マエストロ）略歴

　１９４２年、ムラノに生まれる。ムラノで古くからガラス産業に携わる家系の出身である。１６世紀初期、セレーナの先祖はムラノで初めて「捩れ線状模様レース・ガラス」を考案したとして知られており、この技法は１９世紀に「ザンフィーリコ」の名でも呼ばれるようになった。祖父ルイージと父エーツィオもガラスのマエストロ（親方）で、当時「ウルデリーコ・モレッティ」の工房で仕事に従事していた。１９５６年１４才で、「フラテッリ・トーゾ」に入社し、ここでムラノ・ガラスのあらゆる伝統技術を身につけた。同工房で７０年代にマエストロに昇進し、トーゾ社の閉鎖する８２年まで勤務する。ついで、８２年から８４年まで「フラテッリ・マッズカート」に務め、８４年以来現在まで、ムラノの典型的な伝統技法を保持する数少ない工房「アンフォラ」で仕事を続けている。

　セレーナは、卓越した吹きガラス技術をもつムラノで最も優れた名マエストロの一人である。１９９３年以来大平の貴重な制作協力者として数多くの作品を作り続け、先回のコレクション「パステル」に続き、今回の新コレクションもすべてこのマエストロの協力によって生まれたものである。

Finito di stampare nel mese di marzo 1998
presso EBS Editoriale Bortolazzi Stei
San Giovanni Lupatoto (Verona)